Es sano comer productos ecológicos

W03-8308

El viento hizo volar varias hojas

1 2 3 4 5 6 7 8 9 0 1 2 3 4 5 6 7 8 9 0

Hugo tuvo una idea original

La vida en el campo es hermosa

1 2 3 4 5 6 7 8 9 0 1 2 3 4 5 6 7 8 9 0

Eva cogió la bufanda amarilla

Esquiaré cuando haya nieve

1 2 3 4 5 6 7 8 9 0 1 2 3 4 5 6 7 8 9 0

Llevas un botón desabrochado

Guardaré ahí los dibujos que hagas

1 2 3 4 5 6 7 8 9 0 1 2 3 4 5 6 7 8 9 0

La Cruz Roja atiende a los heridos

Yolanda escribía versos en Mahón

1 2 3 4 5 6 7 8 9 0 1 2 3 4 5 6 7 8 9 0

La hélice de ese avión echa humo

Hoy haremos dibujos de Navidad

230 231 232 233 234 235 236

Me he echado sobre la hierba verde

Lourdes está orgullosa de sus ojos

237 238 239 240 241 242 243

Hoy plantamos árboles en el valle

Te dije que bajaras sin empujar

344 345 346 347 348 349 350

La leche es buena para tus huesos

Recogimos las joyas que elegiste

351 352 353 354 355 356 357

Voltean las campanas de la aldea

Fumar perjudica gravemente tu salud

458 459 460 461 462 463 464

El árbitro mostró tarjeta roja a Gil

Pablo regresó ayer de Valladolid

465 466 467 468 469 470 471

Por favor no gritéis en la clase

La abeja voló hacia la colmena

501 502 503 504 505 506 507

Merche dirigió un colegio de párvulos

Un iglú se hace con hielo

508 509 510 511 512 513 514

Gemma tiene una hermana gemela

Me hallaba con excesivo trabajo

615 616 617 618 619 620 621

El potaje que probé estaba bueno

He dibujado un hexágono grande

622 623 624 625 626 627 628

Puedes hacerte daño con el cuchillo

Mi abuelo ha vivido en Jerez

729 730 731 732 733 734 735

He llevado un herido al hospital

La chica llevaba su mejor traje

786 787 788 789 790 791 792

Hasta las nueve estuvo leyendo

Los motoristas deben llevar casco

843 844 845 846 847 848 849

Mi bata nueva no lleva bolsillos

Vi las huellas que dejó el jabalí

850 851 852 853 854 855 856

La voz del pastor ahuyentó al lobo

Ve a buscar al abuelo de Bárbara

857 858 859 860 861 862 863